Arthur Maibach

Strasse der Tränen
Erlebnisse, Gefühle und Gedankensplitter

Arthur Maibach

Strasse der Tränen

Erlebnisse, Gefühle und Gedankensplitter

RediromaVerlag

Bibliografische Information der Deutschen Nationalbibliothek:
Die Deutsche Nationalbibliothek verzeichnet diese Publikation in der Deutschen Nationalbibliografie; detaillierte bibliografische Daten sind im Internet über http://dnb.ddb.de abrufbar.

ISBN 978-3-96103-446-8

www.rediroma-verlag.de
13,95 Euro (D)

Dieses Buch widme ich
meiner verstorbenen Ex-Frau Maria,
meiner Tochter Manuela
und meiner Ehefrau Dora

Inhalt

1.

Zweimal verloren

Vier Männer und eine grosse Trauergemeinde stehen am Grab. Am Grab einer Frau, welche ermordet wurde. Ermordet, nicht durch die Gewalt eines Mörders, sie wurde umgebracht durch die Gewalt der Erinnerung. Maria[1] wird der kühlen, feuchten Erde übergeben. Maria ist nun nicht mehr unter uns. Vier Männer stehen am Grab. Einer davon bin ich, der Vater unserer gemeinsamen Tochter. Neben mir steht Johannes, auch ein Mann, mit dem Maria für einige Zeit verheiratet war. Neben ihm steht Bernhard, auch ein Mann mit dem Maria für einige Zeit verheiratet war. Daneben steht Kurt. Kurt lebte in der letzten Zeit bei Maria und war Sterbenszeuge. Kurt war Taxifahrer. Maria arbeitete in einem Betrieb, in dem sie oft früh am Morgen mit der Arbeit beginnen musste, so früh, dass ein Taxi sie von zu Hause zum Geschäft bringen musste. Oft war Kurt der Fahrer. Er war Fahrer, wurde zum Begleiter und zum Lebenspartner – zum letzten Lebenspartner – zum letzten Lebensabschnittspartner.

Jedoch sind viele Menschen nicht am Grab. Menschen, die einen fragwürdigen Teil in Marias Leben ausmachten. So fand es der Zerstörer unserer Ehe, ein Jugendgruppenbekannter, nicht für nötig, von Maria Abschied zu nehmen. Ebenso der eine Arbeitgeber von Maria, der nicht nur eine

[1] Maria ist der richtige Name, alle anderen Namen wurden geändert.

Arbeitskraft, sondern eine Frau für seine sexuellen Wünsche suchte. Der Mann, der sie jeden Tag in der Mittagspause sexuell missbrauchte, wollte sich nicht von Maria verabschieden. Freunde und Freundinnen, welche mit Maria einen beachtlichen Weg teilten, Leute, die nur von Maria profitierten und sie ausnutzten, blieben der letzten Wegstrecke ihres Erdendaseins fern.

Maria starb an einem Magendurchbruch, so wurde es mir gesagt. So wurde es allen gesagt. So wird es möglicherweise auch gewesen sein. Mit grossen Schmerzen, mit Angstschweiss auf der bleichen Stirn, beide Hände auf dem brennenden Leib, gekrümmt, erbrechend, hauchte sie ihre letzten Atemzüge. Der Arzt konnte nur noch den Tod feststellen. Magendurchbruch. Magendurchbruch? Mit grosser Wahrscheinlichkeit war es ein Magendurchbruch. Jedoch war es Mord. Es war eine Erinnerung, welche Maria wieder hochkam, eine Erinnerung, die Maria nie mehr losliess. Eine Erinnerung an ein Ereignis, welches Marias Leben grundsätzlich veränderte. Eine Erinnerung, die Maria umbrachte.

Maria durfte eine glückliche Kinderzeit erleben. Mit beiden Eltern und zwei Schwestern wuchs sie in Thun auf. Ihr Vater war Alkoholiker, fand aber zu Gott und trat dem „Blauen Kreuz“ bei. Er trank bis zu seinem Tod nie mehr einen Tropfen Alkohol. Der christliche Glaube spielte eine sehr grosse Rolle in der Familie. Der Gottesdienst am Sonntag, die Gebetsstunde am Dienstag und die Bibelstunde am Donnerstag waren beinahe ein Muss. Maria hatte eine christliche Erziehung, eine strenge christliche Erziehung. Ihr Start ins Leben war gut, die Richtlinien waren gegeben, die Leitplanken eher eng und sich nur sehr langsam öffnend. Maria versuchte sich in der Region, in ihrer kleinen Welt, zurechtzufinden. Gar nicht so einfach. Tat sich doch plötzlich so viel Unbekanntes auf. Maria wurde ins Leben geworfen, sehr jung, fast unerfahren heiratete sie während ihrer Ausbildung zur Schneiderin und brach diese ab. Ein erster grosser Fehler. Ich war mitschuldig. Ich hätte es verhindern können. Tat es aber nicht.

Zwei Jahre nach der Hochzeit kam unsere Tochter zur Welt. Ein richtiger Sonnenschein. Aber Maria war suchend, lernte Auto fahren, suchte Abwechslung in einer Arbeit als Verkäuferin, besuchte einen Malkurs, machte Bauernmalerei, malte Bilder in Öl und Aquarell. Sie brauchte Abwechslung und neue Erfahrungen. Der Schutzschild unserer Ehe bekam Risse. In meiner Vorstellung ist die Ehe von einem Schutzschild umgeben. Wenn dieser Schild gepflegt wird, kann nichts von aussen eindringen, was die Zweisamkeit stören könnte. Einige Zeit wurde auch versucht, am Schutzschild zu flicken, sich nichts anmerken zu lassen und den Mitmenschen etwas vorzuspielen. Ein junger Mann, fast noch ein Knabe, ein Bekannter aus der christlichen Jugendgruppe, durchbrach unseren Schutzschild, der schon Risse hatte. Maria hatte nun etwas gefunden; ob sie das gesucht hatte, weiss ich nicht. Aber unsere Ehe war zerstört. Ich war zu schwach, um mich zur Wehr zu setzen. Widerwillig liess ich es geschehen. War sehr traurig und fühlte mich blossgestellt. Ich liebte Maria noch immer. Aber ich wusste, dass, wenn Maria etwas will, sie es auch durchsetzen konnte. Als sie noch ein Kind war, war ihr Leitmotiv: „Ich kann selber.“ Ja, sie konnte selber. Sie wurde von einer Macht getrieben, welche sie hin und her warf. Die Lust an der endlich gefundenen Freiheit, die Lebensfreude, aber auch die christliche Erziehung, das Wissen, was richtig wäre, riss an ihrer Seele. Viele rissen an ihrer Seele. Da waren ihre Eltern, die meinten, sie wüssten, was richtig wäre, da war ich, der meinte, er wisse, was richtig wäre, da waren befreundete Ehepaare, die meinten, sie wissen, was richtig wäre, da war ein Prediger, der meinte, er wisse, was richtig wäre, und da war der Jugendgruppenbekannte, der meinte, er wisse, was richtig wäre. Maria wurde zerrissen. Aber sie war stark und machte genau das, was sie zu diesem Zeitpunkt für richtig hielt. Sie zog mit unserer Tochter aus und nahm sich eine eigene Wohnung.

Der Jugendgruppenbekannte wurde durch einen älteren Mann abgelöst. Einen sehr viel älteren Mann. Es wurde geschieden und Maria heiratete den alten Mann. Ich hatte Maria verloren. Auch wenn ich sie nun verloren hatte, wusste ich, dass es Maria noch gibt, dass ich sie noch sehen kann. Die innere Zerrissenheit blieb. Maria setzte sich durch und markierte nach aussen Stärke. Genoss die neu gewonnene Freiheit, welche sie extrem einengte. Die Leitplanken, welche sie mit aller Gewalt auseinanderzudrücken versuchte, wurden immer enger. Johannes, der Ehemann Nr. 2, gab ihr all das, was ich ihr nie hätte bieten können, aber es nützte auch ihm nichts, es kam zur Trennung und Scheidung.

Wiedergewonnene Freiheit, eine Reise nach Amerika, Heirat mit Bernhard, einem Arbeitskollegen. Nun sollte doch endlich das Glück gefunden sein. Wenn nur die innere Zerrissenheit nicht wäre.

So, wie ich es sehe, besteht der Mensch aus Seele, Geist und Körper. Wenn alle drei miteinander in Harmonie leben, ist der Mensch gesund. Wenn der Mensch das ausspricht, was er denkt, und das macht, was er sagt, kann von innerem Frieden gesprochen werden. Seele, Geist und Körper sind eins. Wie oft denken oder fühlen wir, was für uns oder unsere Mitmenschen richtig wäre, sprechen dies jedoch nicht aus oder lügen uns selber und das Gegenüber brandschwarz an. Nicht das zu sagen, was wir denken, nicht das zu tun, was wir denken, zerstört das innere Gleichgewicht. Auch wenn noch so gut gelogen wird, auch wenn wir uns noch so gut selber anlügen können, auf der Seele bleibt immer eine Narbe. Narben sind Verhärtungen, viele Narben geben viele Verhärtungen, viele Verhärtungen ergeben eine Hornhaut. Darum gehe ich davon aus, dass, wer sich selber oft anlügt, Hornhaut auf der Seele bekommt. Hornhaut ist nur schlecht durchlässig, vieles kann abprallen, kann nicht mehr bis zur Seele durchdringen und man gewöhnt sich daran. Die Lüge, die Selbstlüge, wird zur Gewohnheit. Wahrheit und Lüge liegen oft so nah beieinander, dass die abgestumpfte Person selbst nicht mehr weiss, wo die Wahrheit endet und die Lüge beginnt. Und so lässt man der Verkümmerung der Seele freien Lauf. Die innere Zerrissenheit, das nicht mehr eins sein mit sich selbst, nimmt laufend zu. Unzufriedenheit, Arroganz, Überheblichkeit, ein sich ständig zur Wehr setzen müssen bestimmt den Alltag. Eine Spirale, ein Strudel, zieht immer weiter nach unten. Eine „kranke“ Seele macht den Körper krank. Marias Körper wurde krank.

Maria fand eine Arbeitsstelle bei einem grossen Betrieb der Kantonalen Verwaltung in Bern. Sie arbeitete im Büro und im Archiv. Hier lernte sie

Bernhard kennen und lieben. Die Hochzeit wurde im Stil der zwanziger Jahre abgehalten. Das Brautpaar und die Gäste trugen Kleider, welche diese Zeit widerspiegelten. Auch die Musik und der Tanz (Charleston) entsprachen dieser Zwischenkriegszeit. Kann es sein, dass eigentlich nicht Maria und Bernhard geheiratet haben? Kann es sein, dass zwei Menschen in Verkleidung gespielt haben, sie würden heiraten? Spielt in dieser Verkleidung die innere Zerrissenheit schon wieder eine entscheidende Rolle? Kann es sein, dass nur die Bekleidung, die äussere Schale, „ja“ sagte? Dass der Mensch unter dem Kleide und die Seele dies jedoch gar nicht wollten? Es steht mir absolut nicht zu, diese Liebe, diese Ehe, in Frage zu stellen. Aber es steht mir zu, darüber nachzudenken.

Maria hatte in der neuen Arbeitsstelle ein Umfeld von Menschen, mit denen sie in näherer Verbindung stand. Bernhard hatte in seiner Arbeitsstelle ein Umfeld von Menschen, welche ihm nahe standen. Man kannte sich. Einige liess man näher an sich heran, andere hielt man auf Distanz. Maria hatte zu ihrem Vorgesetzten und seiner Stellvertreterin eine sehr gute Beziehung. Durch die Arbeit und das Lösen gemeinsamer Probleme kam man sich näher. Es wurde fast eine Freundschaft. Eine Freundschaft unter Arbeitskollegen. Im Umfeld dieser Abteilung gab es jedoch auch Unzufriedene. Ruben fühlte sich übergangen, als sein Chef, Hans Christoph, eine jüngere Frau in ein höheres Amt beförderte. Ein Amt, welches seiner Meinung nach ihm zustand. Ruben war nicht einverstanden mit der Beförderung von Isabelle. Er war länger im Geschäft und in seinem Bereich eine Kapazität. Er war ein stiller, in sich gekehrter Mensch, der nur dann gesprächig wurde, wenn es darum ging, ein Computerproblem zu erörtern. Er arbeitete immer verbissener, erledigte seine Arbeit zu 120 Prozent und verlangte sich selber immer noch mehr ab. Er galt zunehmend als „schwierig". In Ruben baute sich Frust, Ärger, Unzufriedenheit, Wut und ein Minderwertigkeitsgefühl auf. Die schlimmsten Gedanken bohrten sich in seine Seele und stiegen in sein Hirn auf. Er versuchte sich dagegen zu wehren, aber diese mörderischen Gedanken waren immer da, waren nicht mehr auszuschalten. Wie ein unsichtbarer Schatten verfolgten sie ihn. Beim Erwachen am Morgen, nach einer durchschwitzten, beinahe schlaflosen Nacht, beim Frühstück, welches ihm nicht schmeckte, auf dem Weg zur Arbeit und beim Betreten des Gebäudes. Bei der Arbeit am Computer, beim Mittagessen, den ganzen Nachmittag hindurch, am Abend, beim zu Bett gehen, beim Versuch einzuschlafen und die ganze Nacht. Ein schlimmer Gedanke hatte sich in seiner Seele eingenistet. Ruben war seit der „falschen" Beförderung nicht mehr

Ruben in einer Person, er war nun eine Person, die zwei Ruben in sich hatte. „Ruben 1“ war der Computerfachmann, der eher stille, gutmütige in sich gekehrte Kamerad. Einer, dem man sein Auto, sein Haus, sein Geldbeutel und sogar seine Frau anvertraut hätte. „Ruben 1“ war zuverlässig, korrekt, treu, ein lieber guter Kerl. Aber nun hatte sich ein zweiter Ruben eingenistet. Ein Ruben, der nur nach Rache schrie. Ein wütender Ruben, ein verletzter Ruben, ein gedemütigter Ruben. Der innere Kampf begann. „Ruben 1“ und „Ruben 2“ wollten die innere Macht an sich reissen. Wollten siegen, wollten lieben, wollten Anerkennung, wollten hassen und töten. Zwei Seelen in einer Brust vertragen sich nicht. Es kann nur Verlierer geben. „Ruben 1“ war nun seit 54 Jahren mit dem Körper und Geist von Ruben unterwegs. Gemeinsam haben sie viele schöne Tage, traurige Ereignisse, Krankheiten, Freuden und Ehrungen erfahren. Oft versuchte ein zweiter Ruben Platz zu gewinnen, aber er liess es nie für längere Zeit zu. „Ruben 1“ lebte gut alleine, er beanspruchte allen Platz für sich. Nun aber haben Hans Christoph und Isabelle einen zweiten Ruben geschaffen und ihn neben „Ruben 1“ gestellt. „Ruben 1“ ist es nicht gewohnt, noch einen neben sich zu haben. Er versucht, stark zu sein, versucht, Oberhand zu bekommen. Manchmal gelingt es ihm sogar. Aber „Ruben 2“ ist noch jung, unverbraucht und kräftig. Immer und immer wieder gelingt es ihm, die Führung in der Machtzentrale zu übernehmen. „Ruben 1“ will nicht zulassen, dass ein Eindringling die Führung an sich reisst, aber er ist schon ein bisschen verbraucht und es kommen Ermüdungserscheinungen zutage. Einer muss nachgeben. Ja, er wurde verletzt, er wurde gedemütigt, er wurde übergangen, er hatte allen Grund, wütend zu sein. Er nähert sich langsam „Ruben 2“ an. Ruben kann nur dann eine Tat ausführen, wenn „Ruben 1“ und „Ruben 2“ sich finden und eins werden. Sie haben sich gefunden.

Am 2. April 1993 stehen Maria, Isabelle und Hans Christoph vor dem Büro im Flur und sind in ein Gespräch vertieft. Ein Tag wie jeder in den vergangenen Wochen. Nichts, absolut nichts deutet auf etwas Ungewöhnliches hin. Ruben ist auch im Haus. Es ist aber nicht der Ruben, den alle kennen. Es war ein unruhiger verwirrter Ruben. „Ruben 2“ hat nun die Macht vollkommen übernommen und seine mörderische Absicht im Hirn eingepflanzt. Rubens Hirn ist ausgeschaltet, es wurde durch „Ruben 2“ gesteuert. Sein Blick ist eiskalt, versteinert, er schaut geradeaus, nur mit dem Ziel vor Augen, seinen Auftrag, den Auftrag von „Ruben 2“, auszuführen. Er geht auf Hans Christoph, Isabelle und Maria zu, greift zur Pistole und vernichtet zwei Menschen, welche er für sein inneres

Elend verantwortlich machte. Beinahe lautlos gleiten Hans Christoph und Isabelle zu Boden. Ihr Blut breitet sich auf dem sauberen Flur aus. Maria steht wie angewurzelt da, sieht in die leeren Augen, welche durch sie hindurch sehen. Sieht einen Mann, einen Kameraden an sich vorübergehen und am Boden zwei Menschen im Blute liegen, zwei Menschen in ihren letzten Atemzügen. Ruben hat es vollbracht. Niemand kann sich vorstellen, was das für ein Gefühl ist, wenn zwei Menschen durch „seine Hand" getötet werden. Wie fühlt sich so etwas an? Ist es Erleichterung? Fühlt es sich an wie eine Erleichterung oder sind alle Gedanken und Gefühle ausgeschaltet? Nur Ruben weiß in diesem Augenblick, wie sich so etwas anfühlt. Haben die lauten, alles durchdringenden Schüsse ihn geweckt? Kann wieder „Ruben1" die Macht übernehmen? Wird ihm plötzlich bewusst, was er angerichtet hat? Er verlässt eilig den Tatort, begibt sich in den Keller, wo er sich selber richtet. Nur wenige Minuten nach der grauenhaften Tat folgt er seinen beiden Arbeitskameraden in den Tod. Der sich selbst gerichtete Ruben ermordet nicht nur Hans Christoph und Isabelle, er vernichtet auch Maria. Maria wird nicht verletzt, sie wird nicht angeschossen. Aber sie wird „angetötet". Eine angeschossene Wunde heilt nach einer bestimmten Zeit wieder, hinterlässt vielleicht eine Narbe. Eine „angetötete" Wunde heilt nie mehr.

Sie schmerzt immer, kann sich für keine kurze Zeit zurückziehen, kommt immer wieder zurück und schmerzt. Ruben hat Maria nicht getötet, er hat sie auch nicht angeschossen, er wollte das auch gar nicht. Aber er hat sie getroffen, dort, wo es am meisten wehtut. Dort, wo es nie mehr heilen kann. Ruben hat nicht nur Hans Christoph und Isabelle ermordet, er hat auch Maria mitgerissen. Er hat ihre Seele grausam verletzt. Er trägt Mitschuld an einem zerstörten kaputten Leben. Er trägt Mitschuld, dass ein gesunder Körper krank wurde. Maria wird in dem Augenblick „angetötet", mitermordet. Auch wenn sie noch lebt, ist etwas in ihr ermordet.

Maria starb an einem Magendurchbruch. Wahrscheinlich war ihr Magen die schwächste Stelle in ihrem Körper. Das schwächste Organ ist das Verletzlichste. Das verletzlichste Organ wurde angegriffen. Jede Erinnerung an die tödlichen Schüsse gruben sich tiefer in die Magenwände.

Am 27. September 2001 kam bei der „angetöteten" Maria alles wieder hoch. An diesem Tag fuhr ein Mann kurz vor 10:30 Uhr mit einem Auto direkt vor das Regierungsgebäude in Zug. Mit einer dunkelblauen Weste mit der Aufschrift Polizei marschierte er in das Regierungsgebäude, wo er innert ein paar weniger Minuten 14 Politiker erschoss und sich danach selbst richtete. Diese Nachricht, die auch der seelisch verletzten Maria zu Ohren kam, weckte all die Erinnerungen auf dem Flur vor dem Büro in Bern. All die Bilder schossen ihr durch den Kopf. Sie sah Ruben mit der Waffe wieder, hörte die Schüsse, das Zusammenbrechen von Hans Christoph und Isabelle, all das Blut. Die innerlich schwerverletzte Maria zerbrach an dieser Schreckensnachricht, sie gab ihr den Rest. Diese Nachricht ermordete eine Frau, die nicht im Regierungsgebäude in Zug war. Nein, nicht die Nachricht, sondern der Attentäter von Zug ermordete Maria. Es gab nicht 14 Opfer beim Amoklauf von Zug, es gab 15 Opfer. Der angeschlagene Magen, der sehr schlechte Gesundheitszustand erlaubten dem Opfer von Bern nicht mehr zur Arbeit zu fahren. Sie war zu schwach. Sie starb einen langsamen, schmerzhaften Tod. Ermordet von zwei Männern, die sich nie begegnet sind. Ermordet von zwei Männern. Ermordet wegen Habgier, Rachsucht, Neid. Keiner der beiden Mörder wollte Maria umbringen. Beide haben sie umgebracht. Maria verstarb am 19. Dezember 2001 in den frühen Morgenstunden in ihrer Wohnung unter schlimmen Qualen an einem Magendurchbruch.

Der Vater ihrer Tochter, der Verfasser dieser Zeilen, hat nun seine erste grosse Liebe zum zweiten Mal verloren.

Kurz vor Weihnachten begegneten sich vier Männer am Grab einer Frau. Am Grab einer Frau, die ein Leben lang auf der Suche war.

2.

Gedanken während einer Autofahrt

„Nun wünsche ich Ihnen eine gute Fahrt, bitte bringen Sie meine Frau gut ins Inselspital“, sagte ich zu den Rettungssanitäter, als der die Türe des Rettungswagen zuschob. Die Sanitätsfahrerin startete den Motor, schaltete Martinshorn und Blaulicht ein und steuerte das gelbe Auto auf die Hauptstrasse. Noch tönte die Sirene sehr laut, wurde aber immer leiser und entschwand bald ganz. Nur in meinen Ohren tönte sie noch immer. Nun stand ich alleine vor dem „Doktorhaus“. Dora wurde mit hoher Geschwindigkeit nach Bern gefahren und ich blieb mit meinen Gedanken zurück. Gedanken, die mit dem leisen Verklingen des Martinshorns immer lauter wurden und nicht mehr abzuschalten waren. Gedanken, welche wie ein Film die Gegenwart, die Vergangenheit und eine mögliche Zukunft abspielten. Ein Gedankenfilm, der nicht gestoppt, unterbrochen oder abgestellt werden konnte. Ein Film, der sich in mein Hirn einpflanzte und mich zwang, ihn zu sehen. Es gab kein Wegschauen, kein Aufstehen und kein aus dem Kino gehen. Der Film war da, in mir, farbig und laut. Der Gedankenfilm begleitete mich zuerst nach Hause. Ich musste ja funktionieren. Und das tat ich auch. Ich funktionierte, meine Routine hielt mich auf dem Boden der Realität. Ich wusste genau, was ich machte, und teilte mich in zwei Personen. „Arthur 1“ war der realistische, der funktionierende, der sich mit voller Konzentration auf seine Aufgaben und den Strassenverkehr einstellen konnte. „Arthur 1“ machte seine Arbeit sehr gut, er funktionierte. „Arthur 2“ jedoch war in Gedanken, er liess „Arthur 1“ seine Arbeit machen. So machten beide in meiner Person das, was für eine bestimmte Zeit richtig war. Keiner störte den anderen, beide konnten funktionieren. „Arthur 1“, die reelle Person, stieg ins Auto und fuhr nach Hause, um einige Kleider und Toilettenartikel einzupacken. Noch kurz dem Bruder von Dora per Telefon mitteilen, was geschehen war, und sofort losfahren. Losfahren, mit allen Sinnen und voll bewusst, dass ich mich mit vielen anderen Automobilisten auf der Strasse befand. Auch wenn „Arthur 2“ das Verlangen hatte, möglichst schnell in Bern zu sein, fuhr „Arthur 1“ ruhig und immer mit der vorgeschriebenen Geschwindigkeit. Nur keine unnötigen Risiken eingehen. Ich erinnerte mich an die Worte meines Vaters, einem guten Berufschauffeur, der oft zu sagen pflegte: „Fahre langsam, ich habe es eilig.“ Diese Worte begleiteten mich, während „Arthur 2“ mit den verrücktesten Gedanken kämpfte. Einem Kampf, bei dem es nur Verlierer gibt. Jedoch ein Kampf, der immer wieder mit Gebeten unterbrochen wurde, um sofort wieder mit den Gedanken weiter zu kämpfen. Keine klaren Gedanken, nur Gedankenfragmente, Bruchstücke, welche sofort wieder mit Wunschdenken und Gebeten unterbrochen wurden. Dazu das monotone Motor- und Fahrgeräusch mit unverständlichen Worten und Musik aus dem Radio.

Montagnachmittag, 7. August 2017, ich hatte einen Termin bei einer Kundin in Krattigen. Sie wollte mir zeigen, wo sie die reparierte Uhr hingestellt hatte, welche sie an ihren verstorbenen Mann erinnere. Ich stellte mein Auto auf einen Parkplatz im Dorf und machte mich auf den Weg, das schmale, steile Strässchen zum Haus empor zu gehen. Obschon ich eher schnell ging, dauerte der Anstieg etwa zehn Minuten und ich war, als ich vor dem schönen Haus stand, ausser Atem und schweissgebadet. Als mein Puls wieder normal war und meine Atmung ein Sprechen zuliess, drückte ich, nach längerer Suche, auf die Klingel. Leider meldete sich niemand, sodass ich es noch einmal versuchte. Auch ein Klopfen an die Tür und mein Rufen wurden nicht gehört. Nach etwa zehn Minuten des Wartens, des Klopfens und Klingelns machte ich mich auf den Weg zurück zum Parkplatz. Zu Hause angekommen, fand ich meine Frau im Bett. Sie habe plötzlich starke Kopfschmerzen bekommen und sich eine Tablette genommen, die sie nun ein bisschen einwirken lassen wolle. Sie wünschte Ruhe, und ich setzte mich in meine Schreibstube, wo ich an einem Manuskript arbeitete. Nach einer Viertelstunde ging ich zu Dora ans Bett und fragte nach ihrem Befinden. Das Kopfweh sei noch stärker geworden, sagte sie und wünschte nochmals eine Schmerztablette. Mit einem Glas Wasser brachte ich ihr diese ans Bett. Wir waren nun seit 25 Jahren verheiratet und ich kannte meine Frau sehr gut. Jedoch hatte sie noch nie solche extremen Kopfschmerzen gehabt. Ich machte mir Sorgen.

Als nach weiteren 20 Minuten keine Linderung zu verzeichnen war, sagte ich, dass ich unseren Hausarzt anrufe, was sie natürlich gar nicht wollte. Wegen ein bisschen Kopfweh gehe man nicht zum Arzt, meinte sie und wollte nochmals eine Schmerztablette. So sehr ich meine Frau auch liebe, diesen Wunsch erfüllte ich ihr nicht. Ich begab mich zum Telefon und bat unseren Arzt um Hilfe, der uns sofort in seine Praxis bestellte. Dora war von den starken Schmerzen ermüdet und bleich. Nach einer Blutabnahme und einem kurzen Gespräch mit Dora, kam der Arzt ins Wartezimmer und bat mich ins Sprechzimmer zu kommen. Dora sass beinahe abwesend mit hängendem Kopf auf einem Stuhl. Er könne nichts ausschliessen, sagt der Arzt, es bestehe die Möglichkeit einer Hirnblutung oder eines Schlaganfalls und sie müsse auf dem schnellsten Weg ins Spital. Obschon für beides die Anzeichen nicht klar waren, wäre es nötig, sehr schnell eine Computertomografie zu machen. Er veranlasse, dass eine Ambulanz zur

Praxis komme, um den Transport der immer schwächer werdenden Dora zu machen. Nun begann ein unruhiges Warten und die ersten Angst machenden Gedanken blitzen durch mein Hirn. Weit weg, immer näher kommend hörte ich das Ambulanzfahrzeug. Die beiden Rettungssanitäter kamen mit einer Bahre in die Praxis und nach einigen Worten mit dem Arzt wurde Dora auf die Bahre festgebunden und in das Fahrzeug gebracht. Nachdem der Sanitäter noch einige Tests gemacht hatte, gab er ihr Sauerstoff und steckte eine Infusion. Ich konnte mich noch von Dora verabschieden und schon ertönte das Martinshorn.

Nun begann, ein sich nicht mehr stoppendes Karussell in meinem Kopf zu drehen. Immer schneller, immer verwirrender und andauernd: Habe ich alles eingepackt? Muss Dora im Spital bleiben? War das vor ein paar Minuten ein Abschied für immer? Lebt meine Frau noch, wenn ich im Inselspital ankomme?

Grosser Gott, lass Dora am Leben, ich brauche sie doch.

Was hat der Arzt gesagt? Hirnblutung, Hirnschlag, da wäre aber noch die Möglichkeit eines Hirntumors, davon sagte er jedoch nichts.

Hirnblutung oder Hirnschlag. Wenn da nicht sehr schnell etwas unternommen wird, könnte es zu spät sein.

Hirnschlag. Mein Vater hatte mehrere Schlaganfälle, war nach seinem letzten gelähmt, konnte nicht mehr sprechen und war halb blind. Nach sechs Monaten verstarb er. Lieber Gott, lass so etwas nicht zu. Mach, dass Dora nichts von all dem hat.

Sie wollen im Spital in Bern eine Computertomografie machen, um zu sehen, ob im Hirn etwas zu finden ist, was zu diesen starken Kopfschmerzen führte.

Ist das Ambulanzfahrzeug wohl schnell genug in Bern? Wie geht es meiner Frau, die liegend mit angeschlossenen Schläuchen, mit hoher Geschwindigkeit durch den beginnenden Feierabendverkehr gefahren wird? Lebt sie noch?

Vater im Himmel, lass Dora am Leben, lass sie wieder gesund werden. Kochen kann ich, jedoch nicht so gut wie Dora. Wäsche waschen kann ich auch, jedoch Hemden glätten, da hätte ich schon meine Probleme. Verschwindet, ihr bösen Gedanken! Nein, ich werde weder kochen noch waschen und Hemden bügeln. Dora kommt bald wieder gesund nach Hause.

Kommt sie wieder nach Hause? Wenn ja, in welchem Zustand? Bin ich fähig sie zu pflegen? Kann ich das? Essen eingeben, Körperpflege, nach dem Stuhlgang abwischen und reinigen? Kann ich das?

Was auch immer sein könnte, ich will Dora nach Hause nehmen. Ja, ich kann das. Nein, solche Gedanken will ich doch gar nicht aufkommen lassen. Nur verdrängen kann ich sie nicht. Sie sind einfach da.

Grosser Gott, lass nicht zu, dass Dora gelähmt und lallend den Rest ihres Leben verbringen muss. Ja, ich weiss, sie ist im Ambulanzfahrzeug und wird ins Inselspital gebracht. Sie ist jetzt und in der Notfallabteilung in guten Händen. Die machen alles, um Dora am Leben zu halten. Sie ist umsorgt und wird von Fachleuten betreut.

Und wenn diese Fachleute einen Fehler machen? Die Situation falsch einschätzen? Zu lange warten? Dora ist eine von vielen Notfällen in diesem grossen Spital, in dieser grossen Stadt. Erkennen sie die schlimme Lage und handeln sie so schnell wie nur möglich?

„Arthur 1“ konzentriert sich voll auf den Strassenverkehr. Wir befinden uns auf dem Kreisel Thun-Süd und steuern die Autobahn an. „Arthur 2“ ist schon wieder in Gedanken. Wir sprechen doch jeden Tag so viel miteinander, sagen uns immer alles, was uns bedrückt. Kann ich noch einmal mit Dora sprechen? Nein, solche Gedanken will ich nicht aufkommen lassen. Aber sie sind einfach da. Sie sind da und lassen sich nicht verdrängen. Es gibt kein Verdrängen, kein Wegstossen, kein Vernichten. Ich muss mit diesen Gedanken leben, sie ertragen, aber ich will sie nicht dulden, sie müssen verschwinden.

Gute Nacht sagen, noch ein paar Worte sprechen vor dem Einschlafen. Hören, wie Dora leise atmet und manchmal leise und sanft schnarcht. Hören, wie sie sich leise im Bett umdreht, und glücklich mit ihr zusammenleben. Am Morgen miteinander aufwachen, die Frage „hast du gut geschlafen?“, miteinander in den neuen Tag gehen. Sich verabschieden, um zur Arbeit zu gehen und schon bald anrufen, um zu fragen, wie es geht. Werde ich das alles wieder tun können?

Wir lieben uns doch, wir brauchen uns doch, wir können nicht ohne das andere, wir gehören zusammen. So vieles macht Dora einfach so. Ich weiss gar nicht, was auf mich zukommen könnte, wenn ich plötzlich alleine wäre. Sie hält mir den Rücken frei. Alles, was ich mache, kann ich nur, weil ich Dora habe, weil ich über alles mit ihr sprechen kann. Weil sie mir so viel abnimmt und ich meine Stunden für das Geschäft, für den Ortsverein, für meine Recherchen, für meine Studien, aber auch fürs Schreiben meiner Bücher einsetzen kann. Ohne Dora wäre das alles unmöglich. Ich habe nur eine kleine Ahnung von der Buchhaltung und keine Ahnung von Postfinance und E-Banking.

Meine Gedanken wechseln von Angst, zu beten und Wunschdenken, hoffen, bangen und mir selber zureden. Aber auch mit dem Versuch, die Gedanken von mir zu weisen, sie zu verdrängen.

Ich fahre durch den Allmendtunnel. Da Bauarbeiten ausgeführt werden, beträgt die Höchstgeschwindigkeit 80 km/h. Es ist dunkel, auch meine Gedanken sind dunkel. Wird es für mich nun dunkel bleiben? Ich sehe das Ende des Tunnels und erkenne Licht, es wird hell. Wird es für mich auch wieder hell? Ich rede mir ein, dass das Licht nicht nur mein Auto und mich anleuchtet, sondern auch Dora. Es soll hell und licht sein. Mit finsteren, traurigen, hoffenden und selbst einredenden Gedanken fahre ich in Richtung Bern. Der Abendverkehr verlangt von mir die volle Konzentration. Meine Gedanken sind aber bei Dora. Abstand halten, Geschwindigkeit einhalten, das vorausfahrende Auto beachten und alles daran setzen, gut und gesund im Parkhaus des Inselspitals anzukommen. Dora braucht mich jetzt, wir brauchen uns. Ich will ihre Hand halten, ihr Nähe und Wärme geben. Wird sie mich sehen, wird sie mich erkennen, wird sie meine Nähe und Wärme fühlen? Kann ich eine Hand erfassen, die lebt? Eine Hand, die meine Wärme ins Herz und in die Seele tragen wird?

Meine Gedanken und das Auto sind nun auf dem neuen und leisen Belag der Autobahn in Richtung Münsingen. Der Verkehr rollt gut, ohne Hektik und ruhig. Ich bin ein Teil dieser Bewegung.

Einer Bewegung von Autos und Menschen, die alle ein Ziel haben und jeder Einzelne sein eigenes Schicksal mit sich trägt und dieses irgendwo hinfährt. Mein Herz ist schwer, der Atem kurz und der Hals schnürt sich zusammen. Es ist wie, als wenn ein grosser schwerer Stein auf meine Brust drückt. Mit diesem Stein, dem drückenden Stein, dem fast erdrückenden Stein, fahre ich in Richtung Bern. Schon sehe ich die Silhouette der Stadt, die ersten hohen Häuser und sehne mich danach, bald bei Dora zu sein. Wird der drückende Stein von mir genommen oder erdrückt er mich? Beten hilft. Betend fahre ich weiter und sehe schon die Wellen des Kleemuseums. Schon bald kann ich die Autobahn verlassen und mein Auto zum Parkhaus des Inselspitals steuern. Meine Gebete und Gedanken werden beinahe rasend. Ich bin da. Versuche, mich zu orientieren, und finde den Weg, den unendlich weiten Weg zum Haupteingang und zur Information. Die nette Dame findet auf ihrem Bildschirm den Namen meiner Frau. Eine erste Erleichterung, ein Teil des Steins auf meiner Brust hat sich gelöst. Nun endlich kann ich mich auf den Weg zur Notfallstation machen. Immer den roten Punkten nach. Langer Durchgang, Aufzug, wieder langer Durchgang, viele Menschen. Endlich im Notfall angekommen, frage ich nach Dora, man weiss von ihr. Eine kurze Wegbeschreibung und eine Zahl weisen mich zu einem Vorhang. Mein Herz pocht laut, sehr laut, sodass ich das Gefühl habe, dass alle in meiner Nähe es hören können. Sanft öffne ich den Vorhang. Ich sehe Dora. Mit geschlossen Augen liegt sie in einem Spitalbett. Leise gehe ich auf sie zu und nehme ihre Hand, welche sich warm anfühlt. Sie öffnet die Augen und sagt mit leiser schwacher Stimme: „Endlich bist du da." Der grosse schwere Stein ist weg. Aber schon hat ein neuer Stein den Platz auf meiner Brust eingenommen. Dora lebt, ist ansprechbar, hat aber noch immer extreme Kopfschmerzen. Warten ist nun angesagt. Warten auf den Mann vom Bettentransport, der die Patienten nach Anweisung der Ärzte zum Röntgen oder zum CT bringt. Dora hat Durst. Noch aber darf sie nichts trinken, weil man noch nicht weiss, was die starken Kopfschmerzen auslöst. Nun ist es schon bald zwanzig Uhr. Seit wir zum Arzt in Einigen fuhren, sind nun schon viereinhalb Stunden verstrichen. Der Vorhang geht auf und eine Pflegefachfrau sagt, dass ein CT-Gerät bereit sei. Nun kann endlich die lang ersehnte Untersuchung gemacht werden. Ich gehe bis zum CT Raum mit und warte im grossen langen Durchgang in der Notfallaufnahme. Warten, hoffen, bangen, beten, schlimme Gedanken, schlimme Gedanken verdrängen und mit den Tränen kämpfen. Endlich wird ein Bett durch den Gang gefahren. Ich stehe auf, schaue aufs Bett.

Nein, das ist nicht Dora. Wieder hinsetzen und warten. Hoffen, bangen, beten, schlimme Gedanken verdrängen. Wieder kommt ein Bett angefahren. Ja, es ist Dora. Ich nehme ihre Hand in die meine und gehe neben dem Bett her in „unsere“ Koje. Dora wird wieder „angeschlossen“. Sie hat Durst, darf aber noch nichts trinken, bis man mehr über die Ursache der Schmerzen weiss. Der Vorhang geht auf und eine Pflegefachfrau sagt, dass ich meiner Frau ein wenig zu trinken geben darf. Eine gewisse Erleichterung nimmt nun Platz in meinem Herzen. Trinken heisst keine Notoperation. Warten. Nun endlich kommt die Ärztin, eine Neurologin, sie lächelt und erlöst uns beide mit einer guten Nachricht. Es wurden etwa tausend Bilder vom Gehirn gemacht und festgestellt, dass nichts gefunden wurde. Kein Hirntumor, keine Hirnblutung, kein Hirnschlag. Der Riesenstein, der nun von meinem Herzen fiel, löste sicher ein kleines Erdbeben aus. Nachdem Dora nun ein starkes Kopfschmerzmittel einnehmen durfte, konnten wir beide um etwa halb Zehn Uhr das Inselspital verlassen. Die Fahrt von Bern nach Einigen war wunderschön und ich dankte Gott. Die Strasse der schlimmen Gedanken wurde zu einer Strasse der Freude.

3.

Strasse der Tränen

„Es tut mir sehr leid, Sie haben einen Gehirntumor! Es wird nun einiges auf Sie zukommen!" Das waren die alles zerstörenden Worte des Notfallarztes im Thuner Spital auf der Notfallabteilung am 28. Dezember 2017. Ohnmacht, Wut, Trauer, Ratlosigkeit und tausend Fragen, auf die es keine Antwort gibt, keine Antwort geben kann. Die Gedanken lassen sich nicht mehr kontrollieren. Ein Wort hat sich in mein Gehirn eingemeisselt: Gehirntumor. Tod, gelähmt, ohne Sprache, blind, lallend und sabbernd. Wie Blitze öffnen sich Bilder des Schreckens und verschwinden gleich wieder. Traurige, finstere Bilder. Bilder, die in die Tiefe ziehen. Bilder, die schockieren. Bilder, die lähmen.

Freitag 22. Dezember 2017

Nach meiner Arbeit im Atelier machten Dora und ich noch einen kurzen Einkaufsbummel in Thun. Nach einem sehr kurzen Besuch des Weihnachtsmarktes auf dem Waisenhausplatz wurde Dora müde und wollte wieder nach Hause. Nach wenigen Schritten zog sie plötzlich den linken Fuss nach und drückte nach links. Auf meine Frage, was mit ihr los sei, sagte sie, dass das linke Knie ermüde. Nach einem Motorrollerunfall vor etwa zehn Jahren sind die Seitenbänder und das hintere Kreuzband nicht mehr stabil. Nach ein paar Schritten blieb sie wieder in der „Spur“ und das Nachziehen des Fusses liess nach.

Samstag, 23. Dezember

Unser Nachbar schwärmte von einem Arvenkissen, welches beim Ein- und Durchschlafen helfen soll. Da Dora oft Mühe mit dem Einschlafen hatte, fuhren wir nach Interlaken, um im Reformhaus ein solches Kissen zu kaufen. Wir machten an diesem schönen Nachmittag noch einen Besuch bei der grossen Eisbahn auf der Höhenmatte. Nach einiger Zeit bemerkte ich, dass Dora wieder den Absatz ihres Schuh nachzog und nach links drückte. Und wieder sagte sie, dass ich mir keine Sorgen machen solle, es sei das Knie.

Sonntag, 24. Dezember

Wir waren am Abend bei meiner Tochter, unserem Schwiegersohn und den drei Enkelkindern zum Weihnachtsfeste eingeladen. Dora wirkte müde und unausgeglichen. Sie war „fahrig“ und unkonzentriert, redete oft ohne Zusammenhang und war unruhig. Obschon wir beschlossen hatten, wie jedes Jahr zum Weihnachtsgottesdienst in die Kirche Einigen zu gehen, hatte Dora keine Lust und wollte nach Hause. Sie fühle sich nicht so gut und wollte schlafen gehen.

Montag, 25. Dezember

Mein Bruder und seine Frau waren am zweiten Weihnachtstag bei uns zu Besuch. Dora kochte ein hervorragendes Essen, musste sich jedoch oft am Herd und am Tisch stützen, sodass sie nicht hinfiel. Ich bemerke, dass sie Gleichgewichtprobleme hatte, was sie jedoch mit aller Deutlichkeit verneinte. Ich versuchte ihr zu helfen, so gut ich konnte und sie es zuliess.

Dienstag 26. Dezember

Dora hatte nun Mühe, alleine zu gehen, sie musste sich an den Wänden halten. Ihre Gleichgewichtsstörungen hatten zugenommen. Ich wollte den Notarzt anrufen, kam jedoch mit meiner Idee nicht durch, sie versprach mir, am 3. Januar zu unserem Hausarzt zu gehen, um sich untersuchen zu lassen. Sehr widerwillig fügte ich mich. Da ich jedoch Angst hatte, sie könnte stürzen, willigte sie ein, einen Rollator zu kaufen. Mit diesem Hilfsmittel fühlte sich nun Dora ein bisschen sicherer. Jedoch liess ich sie nicht mehr alleine durch die Wohnung gehen. Sie fühlte nun auch, dass etwas nicht stimmt, weigerte sich aber noch immer zum Notfallarzt zu gehen.

Am Nachmittag fuhren wir mit dem Auto ins Diemtigtal, um ein kleines Geschenk zu kaufen. Auf dem Rückweg vom Horrboden machte sie eine Aussage, welche mich zutiefst erschreckte: „Ich wusste schon immer, dass ich nicht alt werde, und ich wünsche mir, dass ich einmal vor dir sterben kann.“

Worte, die mir das Wasser in die Augen pressten.

Mittwoch, 27. Dezember

Auch an diesem Tag versuchte ich Dora zu überzeugen, den Notfallarzt aufzusuchen, oder in den Notfall ins Thunerspital zu fahren. All mein Bitten und Betteln wurde aber in den Wind geschlagen, Ich fühlte mich ohnmächtig. Ich muss doch etwas tun. Wieder versprach sie mir, am 3. Januar sofort unseren Hausarzt anzurufen. Heute jedoch wolle sie noch zu ihrem Bruder und unserer Schwägerin zum Essen gehen. Daran lag ihr sehr viel. Es ging ihr gar nicht gut. Obschon ich fühlte, dass mit Dora nichts in Ordnung war, wusste ich, dass sie nach der Aussage der Ärzte für gesund erklärt wurde. Was das auch immer bedeuten mochte. Ich war innerlich in einem Konflikt. Dora musste so schnell wie möglich zu einem Notfallarzt, das war mir bewusst. Jedoch wollte sie unter keinen Umständen vor dem 3. Januar zu einem Arzt und nur zu unserem Hausarzt. Sie war gesund, aber todkrank! Mein Wissen sagte gesund, mein Herz und Gefühl sagte krank! Ich musste gegen mich und meine Frau ankämpfen. Einen Kampf, der mich innerlich fast zerriss.

Donnerstag, 28. Dezember

Dora hatte sehr Mühe, sich auf den Beinen zu halten. Ohne Rollator und meine Hilfe konnte sie nicht mehr gehen. Aber noch immer weigerte sie sich, in den Notfall zu gehen. Ihr Zustand veranlasste mich jedoch, gegen ihren Willen den Notfallarzt anzurufen, der uns einen Termin gab. Die Untersuchung war kurz, jedoch ohne Diagnose. Er nahm Kontakt mit der Notfallabteilung vom Spital Thun auf und veranlasste, dass wir sofort dorthin fahren. Die ersten Untersuchungen ergaben kein klares Bild, so dass ein MRI. gemacht wurde.

Montag, 7. August 2017

Als ich von einem Kundenbesuch nach Hause kam, lag meine Frau im Bett und klagt über starke Kopfschmerzen. Nachdem drei Schmerztabletten keine Linderung brachten, besuchten wir unseren Hausarzt, der sofort die Ambulanz anforderte, welche Dora ins Inselspital nach Bern überführte. Dort wurde ein CT (Computer Tomografie) gemacht, welche keine Veränderung am Gehirn anzeigte. Die verantwortliche Ärztin sagte uns, dass kein Verdacht auf einen Hirntumor, einen Hirnschlag oder eine Hirnblutung vorliege, das Gehirn sei, anhand der etwa 1000 Bilder, welche nun vorliegen, gesund. Möglicherweise handle es sich um einen starken Migräneanfall. Jedoch, so wie ich es heute sehe, war das die Geburtsstunde des Tumors, der noch absolut unsichtbar war.

Montag, 4. Dezember

Seit Jahren ließen meine Frau und ich im Dezember eine Untersuchung bei unserem Hausarzt machen. Bei Dora waren die Blutwerte hervorragend. Der Hausarzt teilte mit strahlenden Augen mit, dass alle gemessenen Werte sehr gut seien. Blutzucker, Leber, Nieren und Cholesterin waren in Ordnung. Es sei kein Tumor auszumachen und der Bericht vom 7. August aus dem Inselspital bestätige, dass sie keinen Hirntumor habe. Die Kopfschmerzen, welche sie seit dem August plagen, könnten mit der Brille im Zusammenhang stehen. Er empfahl die Korrektur zu prüfen und eventuell die Gläser anzupassen. So verliessen wir die Arztpraxis mit dem Wissen, dass Dora gesund sei und mit Sicherheit keinen Tumor hat.

Wie am 7. August fuhr ich am 29. Dezember in Richtung Bern. Alleine. Zum zweiten Mal wurde Dora mit der Ambulanz ins Inselspital gebracht. Im August wusste ich nicht, was der Grund der Schmerzen war, und hatte grosse Angst, dass es etwas sehr Schlimmes sein könnte. Als wir jedoch um etwa 22 Uhr nach Hause fahren konnten, wussten wir, dass sie keinen Hirntumor habe.

Am 29. Dezember fuhr ich wieder nach Bern, mit dem Wissen, dass Dora einen Hirntumor hat. Die Gedanken waren schrecklich. Der Atem stockte, die Tränen schossen mir in die Augen. Die feuchten Augen waren auf die Strasse, auf den Verkehr gerichtet, der in der Altjahrwoche eher gering war. Obwohl ich mich voll auf die Strasse und den Verkehr konzentrierte, waren meine Gedanken bei Dora. Das Papiertaschentuch war schnell durchnässt und meine Brillengläser liefen von innen an. Bei der Raststätte Münsingen hielt ich kurz an, trocknete meine Augen und legte zwei neue Taschentücher auf den Beifahrersitz. Dort, wo sonst Dora saß, lagen nun zwei Papiertaschentücher, welche mir die Tränen trockneten auf dem Weg zu Dora. Noch ahnte ich nicht, dass diese Strasse, welche ich schon seit über 40 Jahren oft befuhr, zur Strasse der Tränen werden würde.

Ab der Autobahn, Inselparkhaus, Information, Rolltreppe, den roten Punkten nach zur Lifthalle Nord, „M“ drücken, Zimmer 126. Da lag sie nun, meine Frau. Meine Frau, die vor drei Wochen, nach einer Untersuchung gesund erklärt wurde.

Seit der Notfallarzt im Spital Thun die Nachricht überbrachte, dass meine Frau an einem Hirntumor erkrankt sei, ist nichts mehr wie vorher. Ein Wort, ein Gedanke hat sich in meine Wahrnehmung eingebrannt. Tumor, Krebs. Worte, die in Angst umgewandelt wurden. Eine Angst, die von einer Sekunde zur nächsten das Leben, den Alltag begleiten. Plötzlich gehört eine Diagnose zum Leben. Eine Diagnose, die niemand will, wird zum ständigen Begleiter. Ein Begleiter, den man wegschicken will, den man vertreiben will, jedoch ohne Erfolg. Diesen Begleiter wird man nicht mehr los. Wir müssen uns mit ihm arrangieren, mit ihm zu leben versuchen.

Jedoch bin ich oft schwach und befinde mich in einer Spirale nach unten. Aber sofort beginne ich, die schlechten Gedanken zu verdrängen. Irgendetwas versucht immer, mir negative Gedanken einzuflüstern. Von denen will ich mich immer sofort verabschieden. Nicht Tod und Verderben, sondern leben, weiterleben, soll mein Gedankengut beherrschen.

Unsicherheit, Angst, Trauer breitet sich in mir, in meinem Inneren aus. Der Mund wird trocken, der Hals schnürt sich zusammen. Das sprechen fällt schwer und der Kampf gegen die Tränen verliere ich oft. Aber ich muss jetzt stark sein! Nach aussen könnte man sicher meinen, ich sei stark. Aber in meinem Inneren fühle ich mich schwach und zerbrechlich. Ich werde von tausend Fragen, die in mir hochkommen, gemartert. Fragen, auf die es keine Antwort gibt, keine Antwort geben kann. Sicher können viele Fragen von den Ärzten beantwortet werden. Antworten, die trotz allem

Zuversicht keimen lassen. Antworten, die Hoffnung machen. Jedoch hat sich das Wort „Krebs“ in mein Gehirn eingemeisselt. Das Wort Krebs ist nun mal negativ behaftet und kann trotz allen meinen Versuchen nicht umgepolt werden.

Und wieder bin ich auf der Strasse von Bern nach Thun. Wieder sind meine Gedanken nur bei Dora. Wieder macht sich Ungewissheit breit und eine unbeschreibliche Angst nimmt sehr viel Platz ein. Wieder fliessen die Tränen. Zuhause eine Wohnung ohne Leben, still, leer, keiner da, alleine. Alleine etwas kleines essen, ohne Freude. Ein leeres Bett, niemand atmet, niemand schnarcht leise, still, unheimlich still. Aufstehen, kurz die Wohnung lüften, ein schneller Kaffee, zum Auto, auf die Autobahn Richtung Bern, Inselspital, Boden M, Zimmer 126. So sind die neunzehn Tage, von der Altjahrwoche bis Mitte Januar. Jeden Tag auf der Strasse, morgens und abends, wirre Gedanken, Versuche, etwas Schönes zu denken, traurige Gedanken, Tränen.

Dann kam der 4. Januar, der Tag der Operation. Aufstehen, warten. So um die Mittagszeit erwarte ich einen Anruf der operierenden Ärztin. Warten, beten, hoffen, bangen, verzweifeln, beten, warten, in der Wohnung umhergehen, das Telefon anschauen, hoffen, bangen, warten, beten. Stille, totale Stille, warten, Angst macht sich breit, beten,

Gedanken zermürben mich, Stille, schon 16 Uhr, warten hoffen, beten bangen, stehen, sitzen, umhergehen, warten. Immer wieder das Telefon anstarren, Herzklopfen, warten. 17:20 Uhr, das Telefon läutet, eine mir bekannte Stimme, die Stimme, auf die ich seit dem Erwachen heute Morgen warte. Herzklopfen, die liebe, warme, angenehme Stimme der Ärztin sagt mir genau das, was ich mir den ganzen Tag gewünscht habe. Alles in Ordnung! Die Operation sei gut verlaufen. Dora sei wach und ansprechbar. Ich darf in zwei Stunden zu ihr, zu Dora in den Überwachungsraum. Danke, grosser Gott. Danke, dass du mit im Operationszimmer warst und deine segnende Hand über Dora und dem Operationsteam hieltest. Danke.

Zum Auto, Motor starten, zur Autobahn, danken, mit Gott reden, Tränen. Jedoch waren es Tränen der Erlösung, der Freude. Und noch wusste ich nicht, wie ich Dora vorfinde. Sind alle Körperfunktionen in Ordnung? Bangen und hoffen.

Als Dora mich sah, hob sie den mit Schläuchen bestückten Arm, um mir zuzuwinken, und lächelte. Die Seismografen vom Erdbebeninstitut von Zürich registrierten mit Sicherheit das kleine Erdbeben von Bern, als ein riesiger Stein von meinem Herzen viel. Leicht und locker trat ich ans Bett, erfasste sanft die bleiche Hand und hörte Dora ganz normal reden. Nur das Piepsen der Apparate und die Kontrollen des hervorragenden Fachpersonals störten unser friedliches Beisammensein. So wurde, nach diesem Besuch, die Autobahn zur Strasse des Dankens, der Freude und der mit Angst vermischten Freudentränen.

Schon im Überwachungsraum sagte mir die Ärztin, dass die Operation gut verlaufen sei, jedoch werde noch ein MRI gemacht um sicher zu sein, dass der Tumor vollständig entfernt sei. Nun war wieder Warten angesagt. Warten und hoffen. Wenn die Bilder keine Tumorreste anzeigen, könnte Dora in den nächsten vier bis fünf Tagen nach Hause. Warten, hoffen, bangen, täglich auf der Autobahn. Keinen Tag soll Dora im Spital alleine sein.

Montagmorgen, endlich kommt der Bericht der MRI-Untersuchung. Es konnte nicht alles entfernt werden und somit ist noch eine zweite Operation nötig. Alles muss raus und schon für den nächsten Tag wurde der Operationstermin festgelegt. Wieder ein Tag des Bangens, Betens, Wartens und Hoffens. Wieder hundertmal auf die Uhr und das Telefon schauen. Warten, erwarten, wann endlich klingelt das Telefon. Endlich, etwa 16 Uhr. Total erstaunt höre ich am anderen Ende der Leitung nicht die erwartete Stimme der Ärztin. Nein, Doras Stimme höre ich, eine jedoch eher müde und traurige Stimme: Die Operation habe nicht gemacht werden können, weil zu viele Notfälle hereingekommen seien. Einerseits eine Erleichterung, andererseits steht mir nochmals ein Tag des Wartens und Bangens bevor. Wieder auf die Autobahn, auf die Strasse des Grübelns. Auch an diesem Tag, an dem nicht operiert werden konnte, wollte ich bei Dora sein. Eine Assistenzärztin kam etwa um 19 Uhr und bestätigte, dass am nächsten Tag, dem 10. Januar, morgens früh mit der Operation begonnen werde. Die Heimfahrt war wieder mit vielen Gedanken, Angst, beten und hoffen erfüllt. Der 10. Januar würde wieder ein Tag des Wartens, Verzweifelns und allem, was schon dazu gehört. Ein langer Tag, ein sehr langer Tag. Endlich, das Telefon läutet und die nun schon bestens bekannte und mir lieb gewordene Stimme „meiner" Ärztin sagt mit freudigen Worten: Alles in bester Ordnung, die Operation sei gut verlaufen und Dora sei wach und ansprechbar.

Glücklich steuerte ich mein Auto auf die Autobahn, zu der Strasse, die ich liebte und hasste. Lieben, weil sie mich schnell und sicher zu Dora führt, und hassen, weil ich auf diesem Stück Asphalt mit den schlimmsten Gedanken kämpfte.

Dora lächelte, Dora sprach und bewegte sich, sehr müde, aber glücklich. Die Ärztin verkündete, dass nun alles heraus sei, was nicht in den Kopf gehöre und das MRI dies auch bestätigen werde. Noch wussten wir nicht, ob der Tumor gut- oder bösartig war. Wieder warten, täglich über die Strasse der Hoffnung.

Freitagabend, die Ärztin kam und bat uns in ein Nebenzimmer. Sie bestätigte, dass der Tumor nun komplett entfernt sei. Jedoch sei er bösartig und unheilbar. Nun brauche es eine Nachbehandlung mit Chemotherapie und Bestrahlung. Auf eine meiner vielen Fragen sagte sie die beruhigenden Worte: „Wir kennen nun den Feind und können ihn gezielt bekämpfen.“

Die Fahrt an diesem Abend in Richtung Einigen war wieder mit Angst, Tränen, hoffen und beten gepflastert. Aber an diesem Abend trocknete das Beten meine Tränen. Der Krebs, der mir immer solche Angst einflösste, war nun plötzlich da. Die Angst vermischte sich mit Hoffen, mit dieser Diagnose leben lernen mit dieser Diagnose zu leben. Leben ist das Wort der Stunde. Krebs hat nun plötzlich das Schreckliche verloren. Krebs gehört von nun an zu unserem Leben. Wir werden einen neuen Begleiter haben. Einen, mit dem man sich arrangieren muss. Einen, den man nicht wollte, der aber nun einfach da ist. Wir werden mit diesem Feind leben. Leben, weil wir es wollen, weil die Schulmedizin, die Forschung und die behandelnden Ärzte eine hervorragende Arbeit machen. Aber vor allem weil wir daran glauben und an Gott glauben, der mit der Schulmedizin zusammen wahre Wunder vollbringen kann. Ich danke

Gott für all die Kraft, die wir täglich bekommen, und ich ziehe meinen Hut dreimal. Zum einen, vor der Forschung, die unermüdlich an neuen Medikamenten, Therapien und Hilfsmitteln und vielem mehr arbeitet, um dieser Krankheit den Schrecken zu nehmen. Zum zweiten vor den Ärztinnen und Ärzten, den Operationsteams und all denen, die mit ihrer hervorragenden Ausbildung alles daran setzen die Tumore zu entfernen und zu vernichten, und zum dritten vor all den Pflegenden auf den Abteilungen, die mit viel Liebe und Zuneigung einen wichtigen Beitrag zur Genesung der Patienten leisten.

DANKE

4.

Im Wellental der Gefühle

„Es tut mir sehr leid, Sie haben einen Hirntumor!“

Worte, die unsicher machen und in die Tiefe reissen. Angst und eine nicht zu beschreibende innere Leere machte sich breit. Es fühlte sich an, als falle man in eine unendliche Tiefe, ohne sich irgendwo halten zu können, ohne Boden. Erst ein Blick auf Doras trauriges Gesicht, ein sanfter Händedruck und das Sehen, wie sie atmet, stoppten den Fall. Gehirntumor, aber sie lebt. Wie lange noch? Sehr weit unten im Tal der Gefühle, weit unter dem Meeresspiegel – ich wusste nicht, dass man so tief fallen kann – war ich nun und schaute nach oben. Alles war finster, dunkel und einengend. Jedoch, wenn ich mich anstrengte und aus diesem tiefen Loch, dieser Röhre, nach oben schaute, sah ich in all dieser Schwärze, ganz oben, ein kleines helles Fleckchen. Ob dieses Fleckchen als Licht bezeichnet werden durfte, wusste ich nicht. Jedoch war nicht alles schwarz, es gab, nur so gross wie ein Stecknadelkopf, einen hellen Punkt. Und dieser helle Punkt wurde zu meinem Ziel. Dorthin wollte ich mit Dora, hinauf ans Licht. Ihre warm anfühlende Hand und ihre Atembewegungen hoben mich schon ein bisschen aus der Tiefe. Die Aussage des Arztes, dass sie nach Bern ins Inselspital gefahren werde, gab Hoffnung und hob mich weiter nach oben. Hoffnung, wenn auch nur sehr wenig, keimte in mir. Dora wird nicht aufgegeben. Es gibt etwas, womit der Tumor vernichtet werden kann. Hoffnung, das Wort, das nun neben dem Wort Krebs eine wichtige Position eingenommen hatte, hob mich weiter aus dem finsteren Tal. Noch aber besteht das Wort **KREBS** aus grossen dicken Grossbuchstaben und das Wort Hoffnung war noch ganz klein und dünn. Aber das Wort Hoffnung war da und hatte einen wichtigen, den wichtigsten Platz eingenommen. Noch ganz klein, und schon schaute die Hoffnung zum riesigen Krebs empor. Die Ärzte im Inselspital sprachen von einer Operation, welche bald möglichst gemacht werden müsse. Wenn der Tumor nicht sofort entfernt würde, wäre die Lebenserwartung von Dora noch etwa drei Monate. Die Hoffnung wuchs. Die Operation wurde in der ersten Woche des neuen Jahres durchgeführt. Noch einmal meinte der Krebs, er sei stärker, und versuchte mir mit allen Mitteln Angst einzujagen. Die Hoffnung stellte sich aber dagegen und siegte. Der Tumor war weg, es brauchte jedoch zwei Eingriffe, was sich als eine grosse Herausforderung an meine Gefühle herausstellte. Obschon der Tumor weg war, wussten wir noch nicht, mit welcher Art wir es zu tun hatten. Angst und Hoffnung hielten sich nun in der Waage. Wobei die Waagschalen nicht still waren, sondern immer ein wenig auf und ab gingen. Warten, bangen und hoffen. Die Worte Hoffen und Krebs waren nun etwa gleich gross. Noch wussten wir nicht, welches

Wort das stärkere war. Die Information, dass der Tumor bösartig sei, liess das Wort Hoffnung wieder kleiner werden. Jedoch kam sofort die Aussage der Ärztin, dass der Feind nun bekannt sei und gezielt bekämpft werden könne. Worte, die dem Wort Hoffnung enorm Auftrieb gaben. Nun war der Punkt gekommen, wo das Wort Krebs zum ersten Mal kleiner war als die Hoffnung. Nun war das Wort Hoffnung das grosse und fett geschriebene. Die Hoffnung nahm nun den Platz ein, der mich aus dem finsteren Loch ans Licht führte. Die Waagschale mit der grossen kräftigen Hoffnung drückte den nun klein gewordenen Krebs weg. Oft aber versucht das Wort Krebs in meinen Gedanken und Gefühlen wieder Platz einzunehmen. Manchmal lasse ich es widerwillig zu. Aber meistens gelingt es mir der Waagschale der Hoffnung mehr Gewicht zu geben, sodass sich der Druck auf meiner Brust wieder löst, die Atmung wieder leichter fällt und sich meine Gefühle mit der Hoffnung vereinen. Onkologie, Radioonkologie, Labor, Gespräche. Wieder ein auf und ab der Waagschalen. Wieder ein Zerren an meinem schon recht strapazierten Gefühlskleid. Vertrauen in die Fachleute und gute Blutwerte lassen die Waagschale der Hoffnung wieder schwerer werden. Der Glaube an Gott und die Hoffnung trugen mich in dieser Zeit der schweren, hin- und herreisenden Gefühle durch dieses Tal der Finsternis.

Gefühle kann man nicht manipulieren, nicht steuern. Ich musste mich ihnen hingeben, mit meinen Gefühlen leben, leben lernen, sie zulassen. Ich habe sie zugelassen.

Seit vielen Jahren lasse ich mich von meinen Gefühlen leiten, dabei spreche ich oft von „Bauchgefühl". Mein Bauch sagt mir, was richtig ist. Alles, was ich mache, ist gefühlsbestimmt. Sei es bei der Arbeit im Atelier, im Umgang mit Menschen oder beim Schreiben. Manchmal versuchte ich meine Gefühle zu unterdrücken, das sind dann die Momente, wo etwas schief geht. So lasse ich meinen Gefühlen freien Lauf und machte aus der Strasse zwischen Thun und Bern eine Strasse der Tränen. Aber auch eine Strasse der Hoffnung, der Freude, der guten Gefühle und eine Strasse des Gebets. Ob nun die Gefühle vom Bauch oder vom Herzen kommen, ist nicht von bedeutsamer Wichtigkeit. Die Gefühle dürfen nur nicht in den Kopf gelangen, denn dort würden diese zerstört. Vernunft, Gedanken, Erfahrung, gut gemeinte Vorschläge und Anerkennung sind ein Feind der Bauch- und Herzensangelegenheiten. Gefühle zulassen kann nur der, der mit dem Herzen denkt. So können die tiefen Täler der Gefühle mit Glauben und Hoffnung überwunden werden. Glauben, Hoffen und Vertrauen lassen Nähe zu, Misstrauen stösst ab. Die kleinste negative erste Begegnung kann Vertrauen zerstören, wobei diese nur mit viel Mühe wieder aufgebaut werden kann. Die erste Begegnung im Inselspital erlebte ich als sehr vertrauensaufbauend. Die nette, freundliche Dame der Information verstand es, mir ein gutes Gefühl zu vermitteln und den Weg zu Dora mit Wort und Plan aufzuzeigen. Ihre Kompetenz, ihre strahlenden Augen und ihr Lächeln schenkten mir ein gutes Gefühl und ich fühlte mich in diesem grossen Haus sicher und meine Frau gut aufgehoben. So war auch der erste Kontakt mit einer Pflegefachfrau, die, obschon sie mich noch nie gesehen hatte, mit meinem Namen grüsste. Die Ruhe und die freundlichen Begegnungen mit dem Fachpersonal auf der Abteilung gaben mir ein Gefühl des Vertrauens, sodass ich Dora in guten Händen wusste. Auch die erste Begegnung mit der Ärztin, welche meine Frau operierte, bleibt mir in sehr guter Erinnerung. Offene, ehrliche Augen, eine bestimmte, aber liebliche Stimme, schenkten ein Gefühl der Hoffnung und des Vertrauens. Sie verstand es, Angst und Ungewissheit in Hoffnung und Vertrauen umzuwandeln und den Tumor mit sicheren und zarten Händen zu entfernen. Ihr Erscheinen im Zimmer war, als ginge die Sonne auf, und vermittelten mir und Dora ein sehr gutes Gefühl. Ein Gefühl von Hoffnung und Zuversicht. Ein Gefühl, welches das Herz erwärmt und der Seele gut tut. Danke euch allen, die ihr mit euren Worten, euren Taten, mit eurer offenen Art uns ein gutes Gefühl geschenkt habt. Ein Gefühl, welches aus Hoffen Vertrauen schaffte.

5.

Begegnungen

„Es wird nun einiges auf Sie zukommen!“

Eine kurze Begegnung und nur ein paar wenige Worte. Diese Begegnung und diese Worte haben alles verändert. Die Worte des Notfallarztes im Spital von Thun haben sich sofort bewahrheitet. Es kam einiges auf uns zu. Eine Diagnose verändert. Verändert nicht nur die betroffene Person, sondern auch ihr Umfeld. Waren bisher Arztbesuche eher selten, gehören diese nun zum Wochenprogramm. Eine Diagnose, eine Krankheit bestimmt von einer Minute zur anderen den Tagesablauf. Ab sofort gilt der Slogan: „Dora zuerst.“ Um den Feind gezielt zu bekämpfen, erarbeiteten die Ärzte eine Strategie. Eine Strategie, die Kontrollen, Untersuchungen, Behandlungen Therapien, Gespräche und eine exakte Medikamenteneinnahme voraussetzen. So wurden die Prioritäten ab dem „Schocktag“ neu eingeteilt. „Dora zuerst.“ Alles andere wird zurückgesetzt. Da ich selbstständig erwerbend bin, konnte ich meine Arbeitszeit und Atelieröffnungszeiten anpassen. So wurden die täglichen Öffnungszeiten durch Öffnungszeit nach Vereinbarung ersetzt. Nur so kann ich zu jeder Zeit mit Dora zu den Therapien, Kontrollen, Untersuchungen und Gesprächen fahren. Nichts, absolut nichts ist nun wichtiger als die wiederherzustellende Gesundheit. Und es funktioniert: Fast alle meine Kunden haben Verständnis und halten die vereinbarten Termine ein.

„Es wird einiges auf Sie zukommen.“

Ja, es kam einiges auf uns zu, jedoch brachte das, was auf uns zukam, uns beide noch näher zusammen. Wir verbringen nun viel Zeit miteinander. Zeit im Auto, oft auf der „Strasse der Tränen“, die nun zur „Strasse der Genesung“ wurde. Zeit in den Wartezimmern, wo die Anwesenheit jedes einzelnen Wartenden zeigt, dass niemand mit seiner Krankheit alleine ist. Begegnungen, die mit oder ohne Gespräche trösten, Kraft geben und jedem, der kann oder will, die Möglichkeit gibt, die Mitbetroffenen ins Gebet einzuschliessen.

Vorurteile prägen die ersten Sekunden bei Begegnungen und diese Vorurteile haben sich oft fest in den Hirnen der Mitmenschen manifestiert. So äusserte sich ein Mann bei einer kurzen Begegnung, ohne dass es einen Grund gab, negativ über christliche Gemeinschaften. Mit grosser Wahrscheinlichkeit meinte er, ich gehöre einer „Sekte“ an, wie fälschlicherweise einige Freikirchen genannt werden. Da muss ich aber alle enttäuschen, die mir mit solchen Vorurteilen begegnen. Ich bin ein ganz normaler evangelischer Christ. Ein reformierter mit katholischen Wurzeln und einer katholischen Erziehung. Meine Mutter war aus dem Kanton Luzern und somit katholisch und der Vater war reformiert. Nun hätte ich eigentlich nach dem Matriarchat der katholischen Kirche angehören sollen. Da wir aber in Interlaken lebten, einem mehrheitlich reformierten Ort, wurde ich in der reformierten Kirche getauft, jedoch katholisch erzogen. Ich besuchte mit meiner Mutter die katholische Messe, lernte beten und besuchte die reformierte Unterweisung. Die Gebete meiner Mutter trugen mich durchs Leben und beten ist für mich etwas, das zum Alltag gehört, wie essen und schlafen.

Eine Begegnung der besonderen Art durfte ich im Zimmer 126 im Inselspital erleben. Wie jeden Tag war ich bei Dora am Bett, als eine junge Frau ins Zimmer geschoben wurde. Eine junge Frau, die auch am Hirn operiert werden musste. Nach einiger Zeit kamen wir ins Gespräch und sie sagte mir, dass sie bete und Gott ihr helfen werde. Sie, die junge Frau, war eine Muslimin und tat das Gleiche wie meine Frau und ich. Im Stillen wurden in diesem Raum Gebete gesprochen und so wurde dieses Zimmer, unweit vom „Haus der Religionen" entfernt, zum Zimmer der Religionen.

Grosse Augen, mitleidende Blicke, Bedauern und Kraftwünsche begegnen mir nun andauernd. Aber auch deftige, verletzende und „krankmachende" Worte werden an meine Ohren geworfen. Worte, die mit Sicherheit nicht böse gemeint sind, jedoch betonen, dass nach ihrem Ermessen, der Tod des an Krebs Erkrankten nahe steht. So fallen zum Beispiel Aussagen wie: „Oh, wie schade, jetzt, wo du doch bald pensioniert wirst und ihr es noch ein bisschen hätten geniessen und schön haben können.“ Worte, die wie ein Schlag ins Genick daherkommen. Sagen diese doch aus, dass ich meine Pensionierung ohne meine Frau erleben werde. Dauernd werden von Bekannten und vermeidlichen Freunden „Todesurteile“ ausgesprochen. So wird es immer öfter zu meiner Aufgabe, die Leute, die eigentlich mir Trost aussprechen möchten, zu trösten und ihnen zu erklären, dass Krebs nicht immer zum Tod führen muss und wir zuversichtlich seien.

So führen Begegnungen plötzlich zu eigenartigen Artikulationen. Wünschte doch noch vor kurzem ein Bekannter „gute Besserung“ nach der Hüftoperation, nun wird, wenn das Wort Krebs ausgesprochen wird, viel „Kraft“ gewünscht. Warum viel Kraft? Hat der wunschaussprechende keine Hoffnung auf Besserung? Meistens sind solche Begegnungen von sehr kurzer Dauer, weil der Kraftwünschende sehr gestresst ist und sofort zu einem Termin muss.

Und dann gibt es auch noch die Besserwisser und Propheten. Das Wort „Hirntumor“ lässt die Gesichtsfarbe erblassen, die Augen vergrössern und das Angesicht zu einer erschreckenden Fratze erstarren. Diese erste äusserliche Veränderung sagt schon mehr aus als die sofort folgenden Worte. Der Gesichtsausdruck sagt aus, dass der, der die Krankheitsnachricht hört, sofort sein Urteil gefällt hat. Entweder muss ich mir nun minutenlang alle möglichen Geschichten anhören, von Fällen, denen er mit allen möglichen und unmöglichen Heilmittelchen helfen konnte. Kräuterpillen aus Griechenland, Salben aus der Türkei, Kügelchen von irgendwo und viele Ratschläge, die wir unbedingt befolgen müssen. Aber all diese Ratschläge sind nichts anderes als Schläge. Schläge, die sehr schmerzen und nur dazu da sind, um den Ratgeber zu beruhigen. Der andere macht unweigerlich einen Blick in die Zukunft. In eine Zukunft, die jedoch ungewiss ist, aber die der selbsternannte Prophet mit dem Schlimmsten, mit dem Tod in Verbindung bringt. Da helfen auch heuchlerische Wort nichts, weil der Gesichtsausdruck und die nicht ausgesprochenen Wort mehr aussagen und die vernichtenden Worte das ihrige angerichtet haben. Warum meinen viele zu wissen, was die Zukunft bringen wird? Niemand, absolut niemand kann in die Zukunft sehen. Nur die Vergangenheit ist gewiss, die Gegenwart ist Vergangenheit, bevor das Wort Gegenwart ausgesprochen ist. Nur die Zukunft ist ungewiss. Auch Hobby-Propheten, die Sterne und Astrologen können nicht in die Zukunft sehen.

Begegnungen, welche niederreissen, die Angst machen und zermürben, brauche ich nicht. Und doch gibt es immer wieder Menschen ohne Einfühlungsvermögen. Menschen, die die Gefühle der Mitmenschen mit genagelten Bergschuhen treten. Solche, die nur an sich selber oder gar nichts denken. Menschen, denen es egal ist, wenn sie einen Mitmenschen mit Worten treffen, erniedrigen und verletzen. So kommt es oft vor, dass Begegnungen wie ein Stich ins Herz wahrgenommen werden. Herz- und gedankenlose Menschen vernichten mit ein paar wenigen Worten alle Hoffnung und Zuversicht. Warum muss jemand, der vom Schicksal eines Mitmenschen weiss, von seinen negativen, schlechten todbringenden Erlebnissen erzählen? Ein älter Mann, der von der Hirntumorerkrankung meiner Frau wusste, erzählte mir von seinem jüngeren Bruder, der auch einen Hirntumor hatte, diesen in Zürich operieren liess, bei dem jedoch danach an vielen Stellen im Hirn weitere Tumore wuchsen und der bald darauf verstarb. Aber auch von einem Bekannten sprach er, der sich nach einer Hirnoperation nicht mehr erholte und nach einer kurzen Palliativpflege bald verstarb. Bitte nicht! Solche Botschaften will ich nicht hören! Solche Worte zerstören. Machen traurig. Wirbeln meine Gedanken durcheinander. Bitte, liebe Freunde und Mitmenschen, bitte versucht vor dem Sprechen das Hirn „einzuschalten“, nicht ohne zu

Denken plappern. Worte können schmerzen, sehr grosse Schmerzen und schlaflose Nächte verursachen. Schlechte Nachrichten braucht der Betroffene nicht.

Eine Begegnung der komischen Art hatte ich mit einem Mann der Kirche. Er sagte mir, dass er viel mit Kranken und auch mit an Krebs erkrankten zu tun gehabt hatte. Jedoch seien alle, die er betreute, an ihrem Krebsleiden verstorben. Eine Aussage, die mir den Hals zuschnürte und meinen Atem stocken liess. Für einen Moment war ich schockiert und sprachlos, von diesem Mann solche Worte zu hören. An Stelle von Trost, gab er mir einen heftigen Schlag auf meine Seele. Nach einigen Sekunden, als ich wieder gefasst war, antwortete ich eher zynisch: „Stimmt, da haben Sie Recht mit ihrer Aussage, dass jeder, der an Krebs erkrankt, sterben wird. Jedoch wird auch jeder, der nicht an Krebs erkrankt, sterben.“

Das Gespräch war somit beendet und ich ging meinen Weg.

Ein Bekannter, den ich oft sehe, fragte, so wie es viele tun, wie es mir und meiner Frau gehe. Da er Dora sehr gut kennt, erzählte ich ihm vom Tumor und der Nachbehandlung. Ich merkte sofort an seinem Gesichtsausdruck, dass ihm etwas auf der Zunge brannte, das er loswerden wollte, und kürzte meine Aussage ein bisschen ab. Nun passierte etwas, was ich mir nicht erklären kann. Obschon er mir die Frage stellte, wie es Dora gehe, ist er auf meine, von ihm erbetene Antwort nicht eingegangen. Er wartete das Ende meiner Beantwortung seiner Frage nicht ab, sondern, mir ins Wort fallend, begann er von seinen Tätigkeiten und den bevorstehenden und vergangenen Urlaubsreisen zu erzählen. Auch musste ich mir anhören, dass er, obschon pensioniert, keine Langeweile habe. Absolut keine Reaktion auf das Beantworten seiner Frage. Er wollte wissen, wie es uns geht, war aber absolut nicht an unserem Gesundheits- und sonstigen Zustand interessiert. Sein einziges Bedürfnis war, seine Erlebnisse preis zu geben. Sein einziges Interesse war nicht beim Mitmenschen, sondern nur bei sich selbst. Auch bei der nächsten Begegnung fragte er nicht, wie es Dora gehe, sondern textete mich mit seinen Belanglosigkeiten zu.

Alle, die sich nun von meinen Worten angegriffen fühlen, sollen sich an dieser Stelle aufrichtig Gedanken machen. Es ist meine volle Absicht, denen, die kein Mitgefühl haben, denen, die nur an sich denken, denen, die nicht zuhören, denen, die ohne nachzudenken erniedrigende Worte von sich geben, zu sagen, dass ihr Verhalten, ihre Worte entwürdigend, menschenverachtend und sehr schmerzend sind.

Obschon die meisten Begegnungen sehr schön und aufbauend sind, der Seele und dem Herzen gut tun, Hoffnung und Zuversicht geben, bleiben die Schlechten wie ein grosser Stein irgendwo zwischen Herz und Magen hängen. Ich danke allen für die ermutigenden Worte, mit denen es sich am Abend gut einschlafen lässt. Danke für jeden Händedruck, jedes Lächeln, für jede Umarmung, für jedes tröstende Wort, für jedes Wort der Hoffnung und alle ernst gemeinten guten Wünsche. Danke für alle Gebete, die gesprochen werden. Ohne diese wären Dora und ich nicht da, wo wir heute sind.

DANKE!

6.

Gedankensplitter

„In guten wie in schlechten Tagen“. Zu diesen Worten haben Dora und ich am 19. September 1992 in der Kirche Einigen „ja“ gesagt. Ja, wir wollen einander in guten wie in schlechten Tagen lieben, alles füreinander tun und immer für den anderen da sein, bis der Tod uns scheidet. Worte die bei den meisten Trauungen ausgesprochen werden. Worte, die jedoch schnell wieder dem Alltag Platz machen müssen und in den Hintergrund gedrängt werden. Worte, die mir am 28. Dezember 2017 als erstes in den Sinn kamen, als der Notfallarzt sagte: „Es wird nun einiges auf Sie zukommen, Ihr Leben wird nun nicht mehr so sein wie bis anhin.“ „In guten wie in schlechten Zeiten“. Wir hatten nun 25 Jahre gute Zeiten. 25 Jahre mit vielen, sehr vielen guten Erinnerungen, sehr schönen Stunden, Tagen, Wochen, Monaten und Jahren, die uns von Tag zu Tag näher brachten. Nun standen wir an einem Punkt, wo ein Arzt sagte, es werde sich etwas verändern. Aus seinen Worten war ein fahler trauriger Unterton herauszuhören. Eine unhörbare Stimme wollte von schlechten Tagen sprechen. Wirre Gedanken, Angst und schlechte Gefühle wollten in meinem Herzen Platz einnehmen. Schlechte Tage. Was sind schlechte Tage? Wir haben „ja“ gesagt. Ja zu uns und all den Tagen, die vor uns standen. Wir machten uns 25 Jahre schöne Tage. Nun, an dem Tag, als eine schlechte Nachricht in unser Leben eindrang, wollen wir uns nicht hinunter drücken lassen. Wir haben „ja“ gesagt und machen aus möglichen schlechten Tagen, GUTE Tage! Wir, Dora und ich, haben es in der Hand und mit Gottes Hilfe und der Schulmedizin werden noch viele gute Tage folgen. In guten wie in schlechten Tagen, der Liebe ist das egal. Die Kraft der Liebe macht auch aus schlechten Tagen gute Tage.

Die Krebserkrankung meiner Frau Dora, hat mir die Angst vor Krebs genommen! Sowie mein erster Hundebiss mir die Angst vor Hunden genommen hat.

Krebs war für mich stets angsteinflössend. Im Thuner Spital hatte ich immer ein ungutes Gefühl, wenn ich auf dem Flur zum Aufzug die Worte Onkologie und Radioonkologie las. Nun habe ich die Angst und das ungute Gefühl verloren. Nun weiss ich, dass hinter diesen Worten, die für mich negativ belastet waren, Heilung, Hoffnung, liebe Menschen, grossartige Fachleute und Gesundheit verborgen sind.

Krebs war in meinen Gedanken Sarg, Friedhof, Blumen, Abschied, Tränen, Leute, die kondolieren. Krebs war das Ende.

Nun hab ich die Angst vor Krebs verloren. Krebs wurde zu einem Teil von meinem Leben. Zu einem Teil von mir.

Krebs zu haben ist kein Todesurteil, wie auch Gesundheit keine Lebensgarantie ist.

Vielleicht lebt der um seine Krebserkrankung Wissende der guten Behandlung der Fachärzte wegen länger als der möglicherweise Gesunde.

Wer lebt länger? Weder der um seine Krankheit Wissende noch der Gesunde kann diese Frage beantworten.

Ob unheilbar an Krebs erkrankt oder möglicherweise gesund, beides endet früher oder später mit dem Tod.

Wir glauben an Gott und vertrauen der Schulmedizin. Die heutige Forschung in der Medizin hat sehr viel erreicht und die operierenden Ärzte können auf ein grosses Wissen und Können zugreifen und wenn Gott es segnet, ist das alles, was es braucht.

Nach einer Studie ist in der Schweiz die grösste Todesursache einer Herz- Kreislauferkrankung zuzuschreiben. Erst an zweiter Stelle werden

Krebserkrankungen als Todesursache genannt. Wenn ich nun aber jemandem erzähle, dass ich seit über dreissig Jahren eine Cholesterin- und seit etwa zehn Jahren eine Blutdrucktablette einnehme, ist das absolut kein Thema. Wegen eines Cholesterin- oder Blutdruckproblems erschrickt niemand und keiner wünscht dir viel Kraft oder gute Besserung. Obschon gerade diese Beschwerden die häufigste Todesursache in der Schweiz sind, nimmt das niemand als bedrohlich auf. Wird aber das Wort Krebs ausgesprochen, suchen die Angesprochenen nach Worten, wünschen viel Kraft und sind froh, sich bald verabschieden zu können.

In den Massenmedien wird, eingebettet in viele andere Informationen, auch vom Hinscheiden mehr oder weniger berühmter Personen berichtet. Auch in Spielfilmen kommt es oft vor, dass Menschen sterben. Nun stellt sich die Frage, ob denn die Todesursache genannt werden muss. Bei einem gewaltsamen Tod oder bei einem Unfall ist ein Hinweis sicher angebracht. Wenn jedoch eine Person eines natürlichen Todes dahinscheidet, muss nicht auf die Ursache hingewiesen werden. Oft wird in diesem Fall nur auf eine Krankheit oder übermässigen Drogenkonsum usw. hingewiesen. Nun fällt mir aber auf, dass bei einer bestimmten Krankheit diese immer genannt wird. Nur ganz selten hört oder liest man, dass jemand an einem Herz-Kreislaufleiden verstorben ist. Auch andere Krankheiten werden nicht genannt. Wenn jedoch jemand an Krebs stirbt, wird dies beinahe immer erwähnt. Oft wird das Wort Krebs eher beiläufig an die Nachricht angehängt. Dabei kommt in mir immer das Gefühl hoch, als ob der Nachrichtensprecher oder Journalist das Wort Krebs wie ein tröstendes Wort hinzufügt. Als ob an Krebs zu sterben nicht so schlimm sei wie an einer anderen Ursache. Warum muss bei Todesnachrichten auch noch das Wort Krebs hinzugefügt werden? Seit meine Frau und ich von der Diagnose Krebs betroffen sind, treffen mich solche Nachrichten mitten ins Herz. Wie ein Stich durch den ganzen Körper fühlt sich eine solche Berichterstattung an. Solche Informationen machen zweimal traurig: zum einen, weil eine Person verstorben ist und zum anderen, weil die mitgeteilte Todesursache Angst macht und meine Gedanken in eine Richtung lenkt, von der ich mich doch ablenken will.

Halte den Ball flach! Ein Slogan, der seit einiger Zeit in jeder möglichen oder unmöglichen Situation dahin gesagt wird. Halte den Ball flach! Was wollen die Mitmenschen mit diesem Spruch aussagen? Ich wusste bis anhin nie so recht, was ich mit diesen Worten anfangen soll. Nun ging mir aber plötzlich ein Licht auf. Halte den Ball flach.

Seit wir von der Krankheit betroffen sind, versuche ich immer diese Gedanken zu verdrängen. Manchmal gelingt es mir sogar und einige Stunden denke ich nicht daran. Aber plötzlich, wie aus dem Nichts, heraus steigt wie ein Ballon dieser Gedanke auf. Langsam steigt der Ballon oder eben der Ball auf und erinnert mich. Manchmal lasse ich den Ball hochsteigen, den Ball, der mich hinunter reissen will. Aber es kommt auch vor, dass ich den Ball sofort wieder nach unten drücke und mich von den zermürbenden, traurig machenden und niederschmetternden Gedanken nicht verletzen lassen will. „Halte den Ball flach". Nun macht dieser Spruch plötzlich Sinn.

Beten ist nicht der letzte Ausweg, es ist der erste!

7.

Dank

Danke ist ein Wort, welches oft einfach so dahingesagt wird, einfach weil man Danke sagt. Wenn wir im Duden nach dem Wort „Dank" nachschlagen, finden wir als ersten Eintrag: „Gott sei Dank!" Und Gott will ich auch zuerst Danke sagen. Ich weiss, dass wir nur mit Gottes Hilfe und seiner Kraft an dem Punkt angelangt sind, wo wir heute stehen. Und wir wissen, dass wir weiterhin auf seine segnende und heilende Hand vertrauen dürfen. Aber da sind auch viele Menschen, die alles daran setzten und noch setzen werden, dass Dora wieder ein ganz normales Leben führen darf. So gehört mein Dank all denen, die in irgendeiner Art und Weise an der Genesung meiner Frau beteiligt waren. Beginnend beim diensthabenden Notfallarzt in Spiez und dem Notfallarzt im Spital Thun, die mit ihrem richtigen Handeln die ersten Schritte einleiteten und dafür besorgt waren, dass Dora so schnell wie möglich ins Inselspital in Bern gebracht wurde. Dort wurde sie im Bettenhochhaus „M Nord" von einem hervorragenden Team aufgenommen. Da waren nicht „nur" Berufsleute, sondern Berufene, die nicht nur Patienten, sondern Menschen pflegten. Menschen, die spüren, dass sie von den Pflegenden nicht nur die vorgeschriebene Betreuung bekommen, sondern auch Liebe und Zuneigung. Der Umgang mit den ihnen angetrauten Menschen ist auf dieser Abteilung eine Herzensangelegenheit und die Liebe, die von allen Pflegefachleuten ausgeht, ist die beste Medizin. Mein grösster Dank jedoch, wenn man Dank in Grösse einteilen kann, gebührt Frau Dr. Kathleen Seidel, die sich meiner Frau annahm und immer offen und direkt informierte und die Tatsachen beim Namen nannte, jedoch ohne Angst einzuflössen. Wir waren stets sehr gut auf alles vorbereitet und wussten immer, was Sache ist. Danke, Frau Seidel, für Ihre absolut hervorragende Arbeit im Operationssaal, wo Sie in zwei Operationen den Tumor restlos entfernen konnten. Das Wort Danke reicht nicht aus für das, was ich Ihnen sagen möchte. Auch wenn man das Wort Danke vertausendfachen würde, wäre das noch zu wenig. Und da es kein kräftigeres Wort gibt, sage ich einfach DANKE!

Danke auch allen Ärzten und dem gesamten Operationsteam. Danke allen, die unterstützend und mitberatend die Operationen und die Nachbehandlung vorbereiteten, wobei ich zwei Namen nennen möchte. Dies sind Herr Prof. Schucht und Frau Dr. Rappo. Mein Dank geht auch an Herrn Dr. Messer von der Radioonkologie und Frau Dr. Sauter von der Onkologie, die für die Chemotherapie verantwortlich ist, beide vom Spital in Thun. Wir fühlen uns im Inselspital Bern und im Thuner Spital immer sehr gut aufgehoben und betreut. Aber auch unserem Hausarzt, Dr. Stephan Henking, will ich von Herzen danken, der immer ein offenes Ohr für uns hat und uns bestens betreut.

DANKE!

Nun will ich auch Stephan Arnold von ganzem Herzen danken, der meine Texte liest, schreib- und andere Fehler korrigiert, ohne meine Aussagen zu verändern. Und einen grossen Dank gebührt Herrn Bieter vom Rediroma-Verlag, der auf all meine Wünsche eingeht und aus meinen Texten das macht, was Sie jetzt in Ihren Händen halten.

Von Arthur Maibach erschienen:

Novum Verlag
Ein Schriftsteller zwischen Wien Hollywood und Einigen, 2008
Hommage an Hans Müller Einigen

Weber Verlag
Einigen, der schönste Punkt der Welt, 2010

Rediroma-Verlag
Katzenstein, 2015
Eine Entmythologisierung des Kindlisteins und ein Mahnmahl der Frauenunterdrückung

Spiezer Winzer in der Pfalz, 2016
Und Massenauswanderung aus dem Berner Oberland

Der Wunderbrunnen von Einigen, 2016
Und die Wallfahrt am Thunersee

Eine Hinrichtung in Einigen? 2017
Und Reformation kontra Täufer

Lilie des Todes, 2017
Uhren-, Zeit und andere Geschichten,
Anekdoten aus meinem Uhrenatelier

Ein Kriegsopfer aus Einigen

Die Schlacht am Grauholz

Werden Denkmäler instrumentalisiert?

Der Autor

Arthur Maibach, 1953, Genealoge und Buchautor, lebt und arbeitet in Einigen am Thunersee. Akademiestudium der Geschichte, FernUni Hagen. Lehrgang „Geschichte im Zeitspiegel“ und „Ahnenforschung professionell gemacht“, beide mit Abschlusszeugnis, Studiengemeinschaft Darmstadt. Er ist Verfasser einer Biografie (Hans Müller Einigen), des Heimatbuch „Einigen, der schönste Punkt der Welt“, verschiedener Texte in Büchern und Zeitschriften und den Reihen Spiezer Veröffentlichung für Geschichte und Heimatkunde und Genealogisch- Historische Veröffentlichungen.